Pisa-Training

Mathematische Denkaufgaben
für Schülerinnen und Schüler
der 5. Jahrgangsstufe

Lösungsheft

bearbeitet von
Hermann-Dietrich Hornschuh

illustriert von
Elisabeth Lottermoser

Mildenberger Verlag

Dank gebührt meiner Frau Brynhild sowie Herrn Gerhard Hergenröder und Herrn Jochen Kreusch.

Bestell-Nr. 150-211 · ISBN 3-619-15211-X

Internetadresse: www.mildenberger-verlag.de
E-Mail: info@mildenberger-verlag.de

Auflage	Druck	4	3	2	1
Jahr		2007	2006	2005	2004

Druck: VVA GmbH / Wesel Kommunikation, 76534 Baden-Baden
Gedruckt auf umweltfreundlichen Papieren

Lösungen 1

Lösung 1.1

Der kleine Wurm kroch in 12 Nächten jeweils 4 Meter nach oben, das waren 48 Meter. An 11 Tagen rutschte er jeweils 2 Meter nach unten, das waren 22 Meter.

Die Differenz
48 Meter – 22 Meter = 26 Meter
gibt die gesuchte Höhe an.

Antwortsatz: Die Linde ist 26 Meter hoch.

Lösung 1.2

Der „Trick" bei der Lösung dieser Aufgabe besteht darin, dass man vom Ergebnis ausgeht und alle Rechenvorgänge „umgekehrt" ausführt.

1. Rechnung (Addition):	7 + 15 = 22
2. Rechnung (Division):	22 : 11 = 2
3. Rechnung (Multiplikation):	2 · 100 = 200
4. Rechnung (Subtraktion):	200 – 107 = 93

Antwortsatz: Die gesuchte Zahl ist 93.

Lösung 1.3

1. Vers:
Anzahl der Fische = Einfache Anzahl der Tische + 1.

2. Vers:
Anzahl der Fische = Doppelte Anzahl der Tische – 2.
Nur wenn die Anzahl der Tische 3 ist, ergibt sich für die Anzahl der Fische jeweils 4.

Antwortsatz: Es sind 4 Fische und 3 Tische.

Lösung 2.1

Die Anzahl der Kinder sei x.
Ansatz:

$x = \frac{x}{6} + 11 + 7 + 20 + 17$

$x - \frac{x}{6} = 55;\ \frac{5}{6}x = 55$

Ergebnis:

$x = 66$

Antwortsatz: Der Dorfschullehrer hatte damals 66 Kinder in seiner Klasse.

Lösung 2.2

Das Alter von Opa Schlauberger in Jahren sei x.
Ansatz:

$x = 50 + \frac{x}{3}$

$x - \frac{x}{3} = 50;\ \frac{2}{3}x = 50$

Ergebnis:

$x = 75$

Antwortsatz: Opa Schlauberger ist 75 Jahre alt.

Lösung 2.3

Die Anzahl der Jahre sei x.
Ansatz:

$x = \frac{x}{6} + \frac{x}{4} + \frac{x}{2} + 5$

$x - \frac{11}{12}x = 5;\ \frac{1}{12}x = 5$

Ergebnis:

$x = 60$

Antwortsatz: Der Bürgermeister war zu diesem Zeitpunkt 60 Jahre alt.

Lösungen 3

Lösung 3.1

Annahme C = 1.
Reihe I:
Aus A + 5B + 3C = 24 folgt A + 5B = 21.
Reihe II:
Aus A + 4B + 6C = 24 folgt A + 4B = 18.
Reihe III:
Aus 2A + 4B = 24 folgt A + 2B = 12.
Ziehen wir das Ergebnis aus Reihe II vom Ergebnis aus Reihe I ab, erhalten wir B = 3 und daraus, unter Verwendung des Ergebnisses aus Reihe III, A = 6.

Antwortsatz: Ein großer Topf fasst 6 Liter, ein mittlerer 3 Liter und ein kleiner 1 Liter.

Lösung 3.2

1. Acht 20-Rubel-Scheine und ein 50-Rubel-Schein sind 210 Rubel.
2. Sieben 20-Rubel-Scheine und zwei 50-Rubel-Scheine sind 240 Rubel.
3. Sechs 20 Rubel-Scheine und drei 50-Rubel-Scheine sind 270 Rubel.
4. Fünf 20-Rubel-Scheine und vier 50-Rubel-Scheine sind 300 Rubel.
5. Vier 20-Rubel-Scheine und fünf 50-Rubel-Scheine sind 330 Rubel.

Antwortsatz: Iwan bezahlt mit fünf 20-Rubel-Scheinen und vier 50-Rubel-Scheinen.

Lösung 3.3

Wenn Harold eine Strecke der Länge x mitfährt, dann fährt John eine Strecke der Länge 2x mit. Für eine Länge der Strecke 3x werden 3 Dollar bezahlt.

Antwortsatz: Harold muss an John genau einen Dollar bezahlen.

Lösung 4.1

Höhe des „Pfennigturms“
= 420 000 000 000 000 Millimeter = 420 000 000 000 Meter
= 420 000 000 Kilometer
Strecke der „Sonnenentfernung“
= 150 000 000 Kilometer
Rechnung: 420 000 000 : 150 000 000 = 2,8

Antwortsatz: Der „Pfennigturm“ würde 420 000 000 Kilometer hoch sein und somit 2,8-mal von der Erde bis zur Sonne reichen.

Lösung 4.2

1 200 000 000 000 Münzen
200 Münzen werden in 1 Minute gezählt.
Zeit = 6 000 000 000 Minuten = 100 000 000 Stunden = 10 000 000 Tage
Rechnung: 10 000 000 Tage : 250 Tage/Jahr = 40 000 Jahre

Antwortsatz: Um das Geld zu zählen, werden 40 000 Jahre benötigt.

Lösung 4.3

1 200 000 000 000 Münzen
1 Münze wiegt 5 Gramm.
Gewicht = 6 000 000 000 000 Gramm = 6 000 000 000 Kilogramm
= 6 000 000 Tonnen
Rechnung: 6 000 000 Tonnen : 20 Tonnen/Wagen = 300 000 Wagen

Antwortsatz: Um das Geld zu transportieren, werden 300 000 Wagen benötigt.

Lösungen 5

Lösung 5.1

Hendrik rechnet:	27 + 72 = 99
Kim rechnet:	71 + 17 = 88
Kevin rechnet:	99 · 88 = 8 712
Marcel schreibt:	8 642
Ugur rechnet:	8 712 – 8 642 = 70

Antwortsatz: Ugur hat 70 als Ergebnis erhalten.

Lösung 5.2

Sarah rechnet:	32 · 64 = 2 048
Beatrice rechnet:	49 · 87 = 4 263
Franziska rechnet:	4 263 – 2 048 = 2 215
Vera rechnet:	2 + 2 + 1 + 5 = 10
Maren rechnet:	2 · 2 · 1 · 5 = 20
Amelie rechnet:	20 : 10 = 2

Antwortsatz: Amelie hat 2 als Ergebnis erhalten.

Lösung 5.3

Pascal rechnet:	888 – 111 = 777
Peter rechnet:	11 111 – 8 888 = 2 223
Daniela rechnet:	777 + 2 223 = 3 000
Elena rechnet:	3 000 : 1 000 = 3

Antwortsatz: Elena hat 3 als Ergebnis erhalten.

Lösung 6.1

Dreiecke, die mit dem Eckpunkt A beginnen:
ABC, ABI, ACD, ADF, ADG, AFG, AFH
Dreiecke, die mit dem Eckpunkt B beginnen:
BCE, BCI, BEF
Dreiecke, die mit dem Eckpunkt C beginnen:
CDG, CEH, CIE
Dreiecke, die mit den Eckpunkten D, E, F beginnen:
DFF, EHI, FGH

Antwortsatz: In dieser Figur sind 16 Dreiecke enthalten.

Lösung 6.2

Dreiecke, die mit dem Eckpunkt A beginnen:
ABE, ACF, ACG, AEF, AGF
Dreiecke, die mit dem Eckpunkt B beginnen:
BCD, BCH, BCI, BDE, BIH
Dreiecke, die mit dem Eckpunkt C beginnen:
CDF, CDI
Dreiecke, die mit dem Eckpunkt D beginnen:
DFI
Dreiecke, die mit dem Eckpunkt E beginnen:
EFG, EFH, EGH

Antwortsatz: In dieser Figur sind 16 Dreiecke enthalten.

Lösung 6.3

Diese Figur enthält die drei Vierecke CDGB, CEFB und DEFG.

Antwortsatz: Die Flächeninhalte der beiden kleinen Vierecke CDGB und DEFG ist so groß wie der Flächeninhalt des großen Vierecks CEFB.

Lösungen 7

Lösung 7.1

Es nehmen die Zahlen 12, 13, 14, 15, 16, 17, 18, 19, 20, 21, 22, 23, 24, 25, 26, 27, 28, 29, 30, 31 und 32 am Hindernislauf teil.
Nach der 1. Hürde sind noch folgende Zahlen im Rennen:
13, 15, 17, 19, 21, 23, 25, 27, 29 und 31.
Nach der 2. Hürde sind noch folgende Zahlen im Rennen:
13, 17, 19, 23, 25, 29 und 31.
Nach der 3. Hürde sind noch folgende Zahlen im Rennen:
23, 25 und 29.
Nach der 4. Hürde sind noch folgende Zahlen im Rennen:
23 und 29.

Antwortsatz: Nur die Zahlen 23 und 29 erreichen das Ziel.

Lösung 7.2

Es nehmen die Zahlen 10, 11, 12, 13, 14, 15, 16, 17, 18, 19, 20, 21, 22, 23, 24, 25, 26, 27, 28 und 29 am Torlauf teil.
Nach dem 1. Tor sind noch folgende Zahlen im Rennen:
10, 11, 13, 14, 16, 17, 19, 20, 22, 23, 25, 26, 28 und 29.
Nach dem 2. Tor sind noch folgende Zahlen im Rennen:
11, 13, 14, 16, 17, 19, 22, 23, 26, 28 und 29.
Nach dem 3. Tor sind noch folgende Zahlen im Rennen:
11, 13, 17, 19, 23 und 29.
Diese Zahlen haben die Querprodukte 1, 3, 7, 9, 6 und 18.

Antwortsatz: Nur die Zahl 29 erreicht „beim Riesenslalom“ das Ziel.

Lösung 7.3

An der Qualifikation nehmen folgende Zahlen teil:
22, 25, 28, 31, 34, 37, 40, 43, 46 und 49.
Nicht zu kurze Sprungski haben folgende Zahlen:
22, 25, 31, 34, 37, 40, 43, 46 und 49.
Nicht zu lange Sprungski haben folgende Zahlen:
22, 25, 31, 34 und 37.
Diese Zahlen haben die Quersummen 4, 7, 4, 7 und 10.

Antwortsatz: Nur die Zahl 37 ist „beim Skispringen“ qualifiziert.

Lösung 8.1

Zur Anzahl der Mitglieder, die im Hallenbad schwimmen, wird die Anzahl der Mitglieder, die im Freibad schwimmen, addiert. Von dieser Summe wird die Anzahl der Vereinsmitglieder subtrahiert.
Das Ergebnis ergibt die Anzahl der Mitglieder, die im Hallenbad und im Freibad schwimmen.
Rechnung: 55 Mitglieder + 77 Mitglieder – 111 Mitglieder = 21 Mitglieder

Antwortsatz: 21 Mitglieder schwimmen im Hallenbad und im Freibad.

Probe:
34 Mitglieder schwimmen nur im Hallenbad, 56 Mitglieder nur im Freibad und 21 Mitglieder im Hallenbad und im Freibad.

Lösung 8.2

Rechnung: 24 Jungen + 12 Jungen – 31 Jungen = 5 Jungen

Antwortsatz: 5 Jungen sehen im Fernsehen Fußballspiele und Skispringen an.

Probe:
19 Jungen sehen nur Fußballspiele, 7 Jungen nur Skispringen und 5 Jungen Fußballspiele und Skispringen im Fernsehen an.

Lösung 8.3

Rechnung: 27 Mädchen + 26 Mädchen – 43 Mädchen = 10 Mädchen

Antwortsatz: 10 Mädchen singen im Chor und spielen Klavier im Orchester.

Probe:
17 Mädchen singen nur im Chor, 17 Mädchen spielen nur im Orchester und 10 Mädchen singen im Chor und spielen im Orchester.

Lösungen 9

Lösung 9.1

1. Rechnung: 6 Tonnen · 15 = 90 Tonnen
2. Rechnung: 200 Tonnen – 90 Tonnen = 110 Tonnen
3. Rechnung: 110 Tonnen : 11 Tonnen/Fahrt = 10 Fahrten

Ergebnis:
15 Fahrten + 10 Fahrten = 25 Fahrten

Antwortsatz: Um den Sand abzutransportieren sind insgesamt 25 Fahrten notwendig.

Lösung 9.2

1: Rechnung:
800 Tonnen : 20 Tonnen/Waggon = 40 Waggons
Für 800 Tonnen braucht man 40 Waggons mit dem geringeren Ladegewicht von 20 Tonnen.
2. Rechnung:
4 000 Tonnen : 25 Tonnen/Waggon = 160 Waggons
Für 4 000 Tonnen braucht man 160 Waggons mit dem höheren Ladegewicht von 25 Tonnen.
3. Rechnung:
40 Waggons + 160 Waggons = 200 Waggons

Antwortsatz: Es werden 200 Waggons gebraucht.

Lösung 9.3

1. Rechnung:
600 Kisten : 200 Kisten/Flugzeug = 3 Flugzeuge
Um 600 Kisten zu transportieren, werden 3 kleine Flugzeuge benötigt.
2. Rechnung:
2 700 Kisten : 300 Kisten/Flugzeug = 9 Flugzeuge
Um 2 700 Kisten zu transportieren, werden 9 mittlere Flugzeuge benötigt.
3. Rechnung:
10 000 Kisten : 400 Kisten/Flugzeug = 25 Flugzeuge
Um 10 000 Kisten zu transportieren, werden 25 große Flugzeuge benötigt.
4. Rechnung:
3 Flugzeuge + 9 Flugzeuge + 25 Flugzeuge = 37 Flugzeuge

Antwortsatz: Es sind 37 Flugzeuge erforderlich.

Lösung 10.1

Am Schluss hatten alle drei Spieler gleich viel Geld, nämlich jeder 8 Taler. Vorher hatte Eulenspiegel 4 Taler, der Bauer 4 Taler und der Wirt 16 Taler. Davor hatte Eulenspiegel 2 Taler, der Bauer 8 Taler und der Wirt 14 Taler. Am Anfang hatte Eulenspiegel 4 Taler, der Bauer 7 Taler und der Wirt 13 Taler.

Antwortsatz: Eulenspiegel hatte 4 Taler und der Bauer 1 Taler gewonnen. Der Wirt hatte 5 Taler verloren.

Lösung 10.2

Würden in jeder Klasse so viele Kinder wie in Klasse 5a sein, dann wären in Klasse 5d ein Kind und in Klasse 5b drei Kinder mehr. Insgesamt sind das dann vier Kinder in den Klassen 5a und 5c weniger:

1. Rechnung:
104 Kinder – 4 Kinder = 100 Kinder

2. Rechnung:
100 Kinder : 4 = 25 Kinder

Somit sind in den Klassen 5a und 5c jeweils 25 Kinder.
In Klasse 5d ist ein Kind mehr, also sind dort 26 Kinder.
In Klasse 5b sind 3 Kinder mehr, also sind dort 28 Kinder.

Antwortsatz: In Klasse 5a sind 25 Kinder, in Klasse 5b sind 28 Kinder, in Klasse 5c sind 25 Kinder und in Klasse 5d sind 26 Kinder.

Lösung 10.3

Der ältere Bruder besaß
1 600 Goldstücke – 1 000 Goldstücke = 600 Goldstücke
mehr als der jüngere Bruder.
Der ältere Bruder gab monatlich
25 Goldstücke – 10 Goldstücke = 15 Goldstücke
mehr aus als der jüngere Bruder.
Die gesuchte Zeitspanne ergibt sich aus
600 Goldstücke : 15 Goldstücke/Monat = 40 Monate.

Antwortsatz: Nach 40 Monaten besaßen beide Brüder noch jeweils 600 Goldstücke.

Lösungen 11

Lösung 11.1

Die Anzahl der Hunde sei x.
Ansatz:

$$x = \frac{7}{8}x + \frac{7}{8}$$

$$\frac{1}{8}x = \frac{7}{8}$$

Ergebnis:
$x = 7$

Antwortsatz: Tante Emilie lebt mit 7 Hunden zusammen.

Lösung 11.2

Die Anzahl der Katzen sei x.
Ansatz:

$$x = \frac{8}{9}x + \frac{8}{9}$$

$$\frac{1}{9}x = \frac{8}{9}$$

Ergebnis:
$x = 8$

Antwortsatz: Onkel Franz lebt mit 8 Katzen zusammen.

Lösung 11.3

Die Anzahl der Schweine sei x.
Ansatz:

$$x = \frac{12}{13}x + \frac{12}{13}$$

$$\frac{1}{13}x = \frac{12}{13}$$

Ergebnis:
$x = 12$

Antwortsatz: Bauer Pfiffig besitzt 12 Schweine.

Lösung 12.1

Der Wagen von Herrn Blau wird mit b, der von Herrn Grün mit g, der von Herrn Rot mit r und der von Herrn Schwarz mit s benannt.

Möglichkeit	1. Einzelgarage	2. Einzelgarage	Doppelgarage
1	b	g	r und s
2	g	b	r und s
3	b	r	g und s
4	r	b	g und s
5	b	s	g und r
6	s	b	g und r
7	g	r	b und s
8	r	g	b und s
9	g	s	b und r
10	s	g	b und r
11	r	s	b und g
12	s	r	b und g

Antwortsatz: Die vier Lieferwagen können auf zwölf verschiedene Arten in den drei Garagen untergestellt werden.

Lösung 12.2

Wenn wir die Vornamen der Mädchen mit C, D, E, H, J und K abkürzen, sind folgende Mannschaftsbildungen möglich:

CDEH, CDEJ, CDHJ, CDEK, CDHK, CDJK, CEHJ, CEHK, CEJK, CHJK, DEHJ, DEHK, DEJK, DHJK und EHJK.

Antwortsatz: Mit den 6 Mädchen können 15 Doppelpaarungen gebildet werden.

Lösung 12.3

1. Rechnung: 30 Kinder – 11 Kinder – 4 Kinder = 15 Kinder
2. Rechnung: 8 Kinder + 11 Kinder + 4 Kinder = 23 Kinder
3. Rechnung: 30 Kinder – 23 Kinder = 7 Kinder

Antwortsatz: 15 Kinder spielen kein Klavier, 23 Kinder spielen Geige oder Klavier, 7 Kinder spielen weder Geige noch Klavier.

Lösungen 13

Lösung 13.1

Wenn Ami 1 Meter zurückgelegt hat, ist Punkti 0,5 Meter weit gelaufen.
Wenn Ami 3 Meter zurückgelegt hat, ist Punkti 1,5 Meter weit gelaufen.

Antwortsatz: Bis zu ihrem Treffen ist die Ameise Ami 3 Meter und der Marienkäfer Punkti 1,5 Meter gelaufen.

Lösung 13.2

Zusammen laufen beide Igel in einer Minute
0,5 Meter + 2,5 Meter = 3 Meter.

Beide Tiere sind
96 Meter : 3 Meter/Minute = 32 Minuten
unterwegs.

Antwortsatz: Beide Igel treffen sich nach 32 Minuten.

Lösung 13.3

Schnucki läuft doppelt so schnell wie Schnacki. Wenn Schnucki losläuft, hat Schnacki bereits 80 Zentimeter zurückgelegt. In den nächsten 10 Minuten legt Schnucki weitere 80 Zentimeter, Schnacki jedoch 160 Zentimeter zurück.

Antwortsatz: Die Schnecke Schnucki hat die Schnecke Schnacki nach 10 Minuten eingeholt.

Lösung 14.1

Ferdinand hat überlegt:
Die erste Zahl ist 1, die letzte 100. Deren Summe beträgt 101.
Die zweite Zahl ist 2, die vorletzte 99. Deren Summe beträgt 101.
Die dritte Zahl ist 3, die vorvorletzte 98. Deren Summe beträgt 101.
Aus den 100 Zahlen lassen sich 50 Zahlenpaare bilden, die jeweils die Summe 101 haben.
Also gilt: $101 \cdot 50 = 5\,050$.

Antwortsatz: Die Summe aller Zahlen von 1 bis 100 ist 5 050.

Lösung 14.2

Marco bildet 25 Zahlensummen
von
$0 + 100 = 100$, $2 + 98 = 100$, $4 + 96 = 100$
bis
$48 + 52 = 100$.
Die Zahl 50 hat keinen „Partner“.
Er rechnet somit
$25 \cdot 100 + 50 = 2\,550$.

Antwortsatz: Marco hat als Ergebnis 2 550 erhalten.

Lösung 14.3

Tanja bildet 25 Zahlensummen
von
$1 + 99 = 100$, $3 + 97 = 100$, $5 + 95 = 100$
bis
$49 + 51 = 100$.
Sie rechnet somit
$25 \cdot 100 = 2\,500$.

Antwortsatz: Tanja hat als Ergebnis 2 500 erhalten.

Lösungen 15

Lösung 15.1

Rangfolge der Weitspringer nach fallender Weite:
H, A, M, B, U, R und G.

Antwortsatz: Das Lösungswort lautet HAMBURG.

Lösung 15.2

Rangfolge der Hochspringerinnen nach fallender Höhe:
Z, I, T, R, O, N und E.

Antwortsatz: Das Lösungswort lautet ZITRONE.

Lösung 15.3

Rangfolge der Pakete nach fallendem Gewicht:
K, A, R, P, F, E und N.

Antwortsatz: Das Lösungswort lautet KARPFEN.

Lösung 16.1

Von den 100 Kindern haben 30 kein Deutschbuch, 25 kein Mathematikbuch, 20 kein Englischbuch und 15 kein Sachkundebuch erhalten.
Also haben 30 Kinder + 25 Kinder + 20 Kinder + 15 Kinder = 90 Kinder nicht alle vier Schulbücher erhalten. Deshalb erhielten
100 Schüler – 90 Schüler = 10 Schüler alle vier Schulbücher.

Antwortsatz: Zehn Kinder erhielten alle vier Schulbücher.

Lösung 16.2

Gleiche Überlegungen wie in der vorigen Lösung ergeben folgende Ergebnisse.

1. Rechnung: 111 – 91 = 20
2. Rechnung: 111 – 93 = 18
3. Rechnung: 111 – 97 = 14
4. Rechnung: 111 – 99 = 12
5. Rechnung: 20 + 18 + 14 + 12 = 64
6. Rechnung: 111 – 64 = 47

Antwortsatz: Dr. Krank muss 47 Patienten gegen alle vier Allergien behandeln.

Lösung 16.3

Gleiche Überlegungen wie in den vorigen Aufgaben ergeben folgende Ergebnisse.
Nicht in Griechenland waren 18 Reisende, nicht in Spanien 16 Reisende, nicht in Frankreich 14 Reisende und nicht in Italien 12 Reisende. Nicht in allen vier Ländern waren somit 60 Reisende.
99 Reisende – 60 Reisende = 39 Reisende

Antwortsatz: 39 Reisende waren schon einmal in allen vier Ländern.

Lösungen 17

Lösung 17.1

Dreiecke:

ABC, ABD, ABE, ABF, ACD, ACE, ADF,

BCD, BCF, BDE,

CDE, CDF.

Antwortsatz: Die Figur enthält 12 Dreiecke.

Lösung 17.2

Strecken:

AB, AC, AD, AE, AO,

BC, BD, BE, BO,

CD, CE,

DO.

Antwortsatz: Die Figur enthält 12 Strecken.

Lösung 17.3

Winkel:

BOA,

COA, COB,

DOA, DOB, DOC,

EOA, EOB, EOC, EOD.

Antwortsatz: Die Figur enthält 10 spitze Winkel.

Lösung 18.1

Die Pferde haben doppelt so viele Beine wie die Mädchen. Also gehören ein Drittel aller Beine zu den Mädchen, zwei Drittel zu den Pferden.

Antwortsatz: An dem Reitturnier nehmen 15 Pferde mit ihren Reiterinnen teil.

Lösung 18.2

Wäre die Anzahl der Personenwagen und Fahrräder gleich, dann wären es 40 Räder weniger, also 60 Räder. Das würden dann 10 Personenwagen mit 40 Rädern und 10 Fahrräder mit 20 Rädern sein.

Antwortsatz: Auf dem Schulparkplatz befinden sich 20 Personenwagen und 10 Fahrräder.

Lösung 18.3

Wäre die Anzahl der Hocker und Stühle gleich, dann wären es 3 Beine weniger, also 91 Beine. Das würden dann 13 Hocker mit 39 Beinen und 13 Stühle mit 52 Beinen sein.

Antwortsatz: In dem Raum stehen 14 Hocker und 13 Stühle.

Lösungen 19

Lösung 19.1

Maximilian kann folgende Fahrmöglichkeiten wahrnehmen:
InterRegio, Straßenbahn
InterRegio, Omnibus
RegionalBahn, Straßenbahn
RegionalBahn, Omnibus
Schnellzug, Straßenbahn
Schnellzug, Omnibus

Antwortsatz: Maximilian hat sechs Möglichkeiten, um zur Universität zu fahren.

Lösung 19.2

Es sind folgende Tanzpaare möglich:
Frau Berger und Herr Bauer,
Frau Berger und Herr Mahler,
Frau Berger und Herr Vohrer,
Frau Kocher und Herr Bauer,
Frau Kocher und Herr Mahler,
Frau Kocher und Herr Vohrer.

Antwortsatz: Die 5 Personen können 6 verschiedene „Tanzpaare“ miteinander bilden.

Lösung 19.3

Wir bezeichnen die verschiedenen Sondermarken mit A, B, C, D und E.
Oma Buchner kann folgende Marken kaufen:
AB, AC, AD, AE, BC, BD, BE, CD, CE und DE.

Antwortsatz: Oma Buchner kann auf zehn verschiedene Weisen zwei Sondermarken kaufen.

Lösung 20.1

Der gleiche Altersunterschied in Jahren sei x.
Ansatz:
$10 + 10 + x + 10 + 2x = 90$
Ergebnis:
$x = 20$

Antwortsatz: Renate ist 50 Jahre und Caroline 30 Jahre alt.

Lösung 20.2

Der gleiche Altersunterschied in Jahren sei x.
Ansatz:
$17 + 17 + x + 17 + 2x = 144$
Ergebnis:
$x = 31$

Antwortsatz: Ronald ist 79 Jahre und Klaus 48 Jahre alt.

Lösung 20.3

Alter des Mannes + Alter der Frau = 60 Jahre
Alter des Mannes – Alter der Frau = 10 Jahre
Addition liefert das doppelte Alter des Mannes:
60 Jahre + 10 Jahre = 70 Jahre
70 Jahre : 2 = 35 Jahre
35 Jahre – 10 Jahre = 25 Jahre

Antwortsatz: Frau Borgmann ist 25 Jahre und Herr Borgmann 35 Jahre alt.

Lösungen 21

Lösung 21.1

Wir bezeichnen die jeweilige Anzahl der holländischen, englischen, griechischen, polnischen und kroatischen Briefmarken mit h, e, g, p und k.

1. Gleichung: $h + e = 39$
2. Gleichung: $e + g = 42$
3. Gleichung: $g + p = 41$
4. Gleichung: $p + k = 37$

Ansatz:

$k = 100 - (h + e) - (g + p)$

$k = 100 - 39 - 41$

$h = 100 - 80$

$k = 20$

$p = 37 - k = 37 - 20 = 17$

$g = 41 - p = 41 - 17 = 24$

$e = 42 - g = 42 - 24 = 18$

$h = 39 - e = 39 - 18 = 21$

Antwortsatz: Herr Zahn hat 18 englische, 24 griechische, 21 holländische, 20 kroatische und 17 polnische Briefmarken verkauft.

Lösung 21.2

Es empfiehlt sich, zuerst die Anzahl der Blusen zu berechnen.

Antwortsatz: Es wurden 32 Blusen, 17 Hosen, 19 Jacken, 18 Mäntel und 14 Röcke verkauft.

Lösung 21.3

Es empfiehlt sich, zuerst die Anzahl der Väter zu berechnen.

Antwortsatz: Es nahmen 14 Lehrer (und 23 Mütter und 19 Väter und 31 Jungen und 24 Mädchen) an dem Schulausflug teil.

Lösung 22.1

Addiert man die beiden ersten Gleichungen, erhält man aus 2A = 96 sofort A = 48.
Aus der dritten Gleichung folgt dann B = 16.
Aus der zweiten Gleichung ergibt sich schließlich C = 17.

Antwortsatz: Es ist A = 48, B = 16 und C = 17.

Lösung 22.2

Wäre A = 1, dann wäre B = 3.
Wäre A = 2, dann wäre B = 6.
Wäre A = 3, dann wäre B = 9.
Wäre B = 9, dann wäre C = 27, also keine einstellige Zahl.
Wäre B = 6, dann wäre C = 18, also keine einstellige Zahl.
Wäre B = 3, dann wäre C = 9.

Antwortsatz: Es ist A = 1, B = 3 und C = 9.

Lösung 22.3

Wäre A = 1, dann wäre B = 4.
Wäre A = 2, dann wäre B = 8.
Wäre A größer 2, dann wäre B eine zweistellige Zahl.
Also kann B nur 4 oder 8 sein.
Wäre B = 8, dann wäre C eine zweistellige Zahl.
Also kann B nur 4 und C deshalb nur 8 sein.

Antwortsatz: Es ist A = 1, B = 4 und C = 8.

Lösungen 23

Lösung 23.1

Der Kontostand vor der Abhebung beträgt 6 000 Euro.
Der sechste Teil von 6 000 Euro sind 1 000 Euro.
Somit beträgt der Kontostand nach der Abhebung
6 000 Euro – 1 000 Euro = 5 000 Euro.
Der fünfte Teil von 5 000 Euro sind 1 000 Euro.
Somit beträgt der Kontostand nach der Einzahlung
5 000 Euro + 1 000 Euro = 6 000 Euro.

Antwortsatz: Der Stand des Kontos von Frau Fleißig nach der Einzahlung hat sich gegenüber dem Kontostand vor der Abhebung nicht verändert.

Lösung 23.2

Wasserverbrauch im Januar: 8 Kubikmeter.
Wasserverbrauch im Februar: 8 Kubikmeter – 2 Kubikmeter = 6 Kubikmeter.
Wasserverbrauch im März: 6 Kubikmeter + 2 Kubikmeter = 8 Kubikmeter.

Antwortsatz: Der Wasserverbrauch in den Monaten Januar und März war gleich.

Lösung 23.3

Erstes Quadrat:
Seitenlänge 12 Zentimeter, Flächeninhalt 144 Quadratzentimeter
Zweites Quadrat:
Seitenlänge 8 cm, Flächeninhalt 64 Quadratzentimeter
Drittes Quadrat:
Seitenlänge 12 Zentimeter, Flächeninhalt 144 Quadratzentimeter

Antwortsatz: Das dritte Quadrat und das erste Quadrat haben gleichen Flächeninhalt.

Lösung 24.1

Ein Drittel des Kaufpreises beträgt 16 800 Euro : 3 = 5 600 Euro.
Herr Bauer bezahlt statt dieses Drittels 350 Euro · 20 = 7 000 Euro.
Der Differenzbetrag beträgt 7 000 Euro – 5 600 Euro = 1 400 Euro.

Antwortsatz: Herr Bauer muss wegen der Ratenzahlung 1 400 Euro mehr bezahlen.

Lösung 24.2

Frau Maurer muss insgesamt 320 Euro · 36 = 11 520 Euro bezahlen. Nach der Hälfte der Zeit sind es noch 11 520 Euro : 2 = 5 760 Euro.
Diese zahlt sie in
5 760 Euro : 360 Euro/Monat = 16 Monaten
zurück.
18 Monate + 16 Monate = 34 Monate
36 Monate – 34 Monate = 2 Monate

Antwortsatz: Die Abzahlungsdauer verringert sich um 2 Monate.

Lösung 24.3

Nach 8 Monaten hat Herr Schlosser 2 400 Euro bezahlt. Das ist ein Drittel der Gesamtsumme. Die Restschulden belaufen sich somit noch auf 4 800 Euro.
Die Ratenhöhe beträgt von nun an 300 Euro – 100 Euro = 200 Euro.
Die Anzahl der noch zu zahlenden Monate beträgt
4 800 Euro : 200 Euro/Monat = 24 Monate.
8 Monate + 24 Monate = 32 Monate
32 Monate – 24 Monate = 8 Monate

Antwortsatz: Die Abzahlungsdauer verlängert sich um 8 Monate.

Lösungen 25

Lösung 25.1

Der erste Zufluss liefert in 21 Minuten 720 Liter.
Der zweite Zufluss liefert in 21 Minuten 1 120 Liter.
Beide Zuflüsse liefern in 21 Minuten 1 840 Liter.
1. Rechnung: 46 000 : 1 840 = 25
2. Rechnung: 21 · 25 = 525
3. Rechnung: 525 : 60 = 8,75

Antwortsatz: Das Becken ist nach 8 Stunden und 45 Minuten gefüllt.

Lösung 25.2

Der erste Zufluss liefert stündlich 4 000 Liter.
Der zweite Zufluss liefert stündlich 3 000 Liter.
Beide Zuflüsse liefern stündlich 7 000 Liter oder 7 Kubikmeter.

Antwortsatz: Beide Zuflüsse liefern 70 Kubikmeter Wasser in 10 Stunden.

Lösung 25.3

1. Rechnung: 60 Liter/Minute · 2 Stunden = 7,2 Kubikmeter
2. Rechnung: 5,4 Kubikmeter/Stunde · 4 Stunden = 21,6 Kubikmeter
3. Rechnung: 7,2 Kubikmeter + 21,6 Kubikmeter = 28,8 Kubikmeter
4. Rechnung: 72 Kubikmeter – 28,8 Kubikmeter = 43,2 Kubikmeter
5. Rechnung: 43,2 Kubikmeter : 1,8 Kubikmeter/Stunde = 24 Stunden
6. Rechnung: 2 Stunden + 4 Stunden + 24 Stunden = 30 Stunden

Antwortsatz: Der Tank ist nach 30 Stunden gefüllt.

Lösung 26.1

Auf 1 Meter Film sind 256 Bilder.
Auf 30 Meter Film sind 7 680 Bilder.
Für 16 Bilder wird 1 Sekunde benötigt.
Für 7 680 Bilder werden 480 Sekunden oder 8 Minuten benötigt.

Antwortsatz: Hans kann 8 Minuten filmen.

Lösung 26.2

Auf 32 Zentimeter Film sind 80 Bilder.
Auf 1 Zentimeter Film sind 2,5 Bilder.
Auf 100 Zentimeter Film oder 1 Meter Film sind 250 Bilder.
Auf 240 Meter Film sind 60 000 Bilder.

Antwortsatz: Auf diesem Film sind 60 000 Bilder.

Lösung 26.3

Auf 25 Zentimeter Film sind 72 Bilder.
Auf 1 Meter Film sind 288 Bilder.
Auf 360 Meter Film sind 103 680 Bilder.
24 Bilder laufen in 1 Sekunde durch den Apparat.
103 680 Bilder laufen in
108 680 Bilder : 24 Bilder/Sekunde = 4 320 Sekunden = 72 Minuten
durch den Apparat.

Antwortsatz: Der vollständige Film läuft in 72 Minuten oder 1 Stunde und 12 Minuten durch den Apparat.

Lösungen 27

Lösung 27.1

Achte auf die Regel „Punktrechnung vor Strichrechnung".
Produkt = (6 + 24) · (28 – 15) = 30 · 13 = 390

Antwortsatz: Das Produkt heißt = (6 + 24) · (28 – 15), sein Wert beträgt 390.

Lösung 27.2

Achte auf die Regel „Punktrechnung vor Strichrechnung".
Quotient = (120 – 24) : (93 + 3) = 96 : 96 = 1

Antwortsatz: Der Quotient heißt = (120 – 24) : (93 + 3), sein Wert beträgt 1.

Lösung 27.3

Achte auf die Regel „Punktrechnung vor Strichrechnung".
Summe = 104 + (69 – 4 · 5) : 7 = 104 + (69 – 20) : 7 = 104 + 49 : 7 = 104 + 7 = 111

Antwortsatz: Die Summe heißt 104 + (69 – 4 · 5) : 7, ihr Wert beträgt 111.

Lösung 28.1

Nach dem Umstellen befinden sich in jedem Regal
120 Bücher : 3 = 40 Bücher.
Da dem ersten Regal zwei Bücher entnommen wurden, befanden sich dort zuvor 42 Bücher. Dem zweiten Regal wurden 2 Bücher hinzugefügt und 3 Bücher entnommen. In diesem befanden sich vorher 41 Bücher. Im dritten Regal waren also
120 Bücher – 42 Bücher – 41 Bücher = 37 Bücher.

Antwortsatz: Ursprünglich befanden sich im ersten Regal 42 Bücher, im zweiten Regal 41 Bücher und im dritten Regal 37 Bücher.

Lösung 28.2

Zunächst ist die größte ganze Zahl gesucht, die sowohl durch 3 als auch durch 4, also durch 12, teilbar und nicht größer als 100 ist. Diese Zahl kann nur 96 sein.

1. Rechnung: 96 : 3 = 32
2. Rechnung: 96 : 4 = 24
3. Rechnung: 96 – 32 – 24 = 40.

Antwortsatz: In der Schachtel befinden sich 96 Bälle, von denen 40 schwarz sind.

Lösung 28.3

In dem Geschäft gibt es rote, weiße, blaue und grüne Mützen. Aus dem Text der Aufgabe folgt, dass es 15 grüne Mützen sind. Von den weißen und blauen Mützen gibt es zusammen 30 Stück. Es gibt doppelt so viele blaue wie weiße Mützen, also 20 blaue und 10 weiße Mützen. Daraus folgt, dass es 5 rote Mützen sind.
Rechnung: 15 Mützen + 20 Mützen + 10 Mützen + 5 Mützen = 50 Mützen.

Antwortsatz: In diesem Geschäft gibt es 50 Mützen.

Lösungen 29

Lösung 29.1

Das erste Beet hat einen Umfang von 50 Metern.
Für die Länge des zweiten Beetes gilt, weil es den gleichen Umfang wie das erste Beet hat, 25 Meter – 12 Meter = 13 Meter.

Antwortsatz: Das zweite Beet ist 13 Meter lang.

Lösung 29.2

2,40 Meter · 1,20 Meter = 2,88 Quadratmeter
2,88 Quadratmeter : 0,9 Meter = 3,20 Meter

Antwortsatz: Die zweite Wandtafel ist 3,20 Meter breit.

Lösung 29.3

Die Breite des Bauplatzes sei x Meter und die Länge (x + 7) Meter.
Ansatz:
$x + x + x + 7 + x + 7 = 114$
Ergebnis:
$x = 25$
Der Bauplatz ist 25 Meter breit und demzufolge 32 Meter lang.
Sein Flächeninhalt beträgt
32 Meter · 25 Meter = 800 Quadratmeter
Rechnung: 125 Euro/Quadratmeter · 800 Quadratmeter = 100 000 Euro

Antwortsatz: Der Bauplatz kostet 100 000 Euro.

Lösung 30.1

1. Überlegung: Viktor warf x-mal.
2. Überlegung: Gernot warf 2-mal mehr als Viktor, also (x+2)-mal.
3. Überlegung: Siegfried warf 7-mal mehr als Viktor, also (x+9)-mal.

Ansatz:

$x + x + 2 + x + 7 = 78$

Ergebnis:

$x = 23$

Antwortsatz: Gernot hat 25-mal, Siegfried 30-mal und Viktor 23-mal geworfen.

Lösung 30.2

Angenommen, es waren x Silbermedaillen, dann waren es (x + 1) Bronzemedaillen und (x – 1) Goldmedaillen.

Ansatz:

$x + x + 1 + x - 1 = 27$

Ergebnis: $x = 9$

Antwortsatz: Es waren 8 Goldmedaillen, 9 Silbermedaillen und 10 Bronzemedaillen.

Lösung 30.3

Die Anzahl der Spiele sei x.

Ansatz:

$8\,000 \cdot x - 6\,000 \cdot (30 - x) = 58\,000$

Ergebnis:

$x = 17$

Antwortsatz: Der Ersatzspieler nahm an 17 Spielen teil.

Lösungen 31

Lösung 31.1

Wir nennen die mittlere der drei aufeinander folgenden Zahlen n, dann ist die Vorgängerzahl n – 1 und die Nachfolgerzahl n + 1.

Ansatz und Rechnung:

$n - 1 + n + n + 1 = 42$

$3n = 42$

Ergebnis:

$n = 14$

Antwortsatz: Die Seiten des Dreiecks sind 13 Zentimeter, 14 Zentimeter und 15 Zentimeter lang.

Lösung 31.2

Die drei aufeinander folgenden geraden Zahlen lassen sich durch 2n, 2n + 2 und 2n + 4 darstellen. Hier bezeichnet 2n die kleinste der gesuchten geraden Zahlen.

Ansatz und Rechnung:

$2n + 2n + 2 + 2n + 4 = 90$

$6n = 84$

Ergebnis:

$n = 14$

Antwortsatz: Die Seiten des Dreiecks sind 28 Zentimeter, 30 Zentimeter und 32 Zentimeter lang.

Lösung 31.3

Die drei aufeinander folgenden ungeraden Zahlen lassen sich durch 2n + 1, 2n + 3 und 2n + 5 darstellen. Hier bezeichnet 2n + 1 die kleinste der gesuchten ungeraden Zahlen.

Ansatz und Rechnung:

$2n + 1 + 2n + 3 + 2n + 5 = 51$

$6n = 42$

Ergebnis:

$n = 7$

Antwortsatz: Die Seiten des Dreiecks sind 15 Zentimeter, 17 Zentimeter und 19 Zentimeter lang.

Lösung 32.1

Strecke:
E - R - F - U - R - T
Zeit:
5 Minuten + 10 Minuten + 25 Minuten + 5 Minuten + 15 Minuten = 60 Minuten

Antwortsatz: Das Lösungswort lautet ERFURT.

Lösung 32.2

Punkte:
1 + 10 + 7 + 4 + 17 + 13 + 9 = 61

Antwortsatz: Radrennfahrer „Sprinter-Ede“ hat nur diese Möglichkeit, um am Ziel genau 61 Punkte erreicht zu haben.

Lösung 32.3

Zeit:
20 Minuten + 10 Minuten + 15 Minuten + 15 Minuten = 60 Minuten.

Antwortsatz: Elvira hat nur diese Möglichkeit, um nach genau einer Stunde bei ihrer Oma zu sein.

Lösungen 33

Lösung 33.1

Nach einer Stunde geht die zweite Uhr gegenüber der ersten Uhr um 1,5 Minuten vor. Nach einem Tag geht diese Uhr dann genau 36 Minuten vor. Gleiche Zeit zeigen beide Uhren jedoch erst wieder an, wenn sie sich um 12 Stunden, also um 720 Minuten, unterscheiden. Das wird erstmals nach genau

720 Minuten : 36 Minuten/Tag = 20 Tagen

der Fall sein.

Antwortsatz: Nach 720 Stunden oder 20 Tagen zeigen beide Uhren wieder genau die gleiche Zeit an.

Lösung 33.2

Die eine Uhr geht jede Stunde 3 Minuten schneller als die andere Uhr.
Somit müssen zwischenzeitlich
60 Minuten : 3 Minuten/Stunde = 20 Stunden
vergangen sein.

Antwortsatz: Beide Uhren waren 20 Stunden gelaufen.

Lösung 33.3

Würde Dieters Uhr tatsächlich 10 Minuten nachgehen, dann müsste er an der Haltestelle sein, wenn seine Uhr 6.50 Uhr anzeigt. Da sie aber in Wirklichkeit 5 Minuten vorgeht, ist es erst 6.45 Uhr. Somit kommt Dieter genau 15 Minuten zu früh an.

Würde Franks Uhr tatsächlich 5 Minuten vorgehen, dann müsste er an der Haltestelle sein, wenn seine Uhr 7.05 Uhr anzeigt. Da die Uhr aber in Wirklichkeit 10 Minuten nachgeht, ist es bereits 7.15 Uhr. Somit kommt Frank genau 15 Minuten zu spät an.

Antwortsatz: Dieter trifft um 6.45 Uhr und Frank um 7.15 Uhr an der Haltestelle ein.

Mathematische Begriffe

Fremdsprache	Bedeutung
addieren	zusammenzählen
Addition	Vorgang des Zusammenzählens
Differenz	Ergebnis des Abziehens
Dividend	zu teilende Zahl oder Zähler
dividieren	teilen
Division	Teilung
Divisor	teilende Zahl oder Nenner
Faktor	Vervielfältigungszahl
Kardinalzahl	Grundzahl
Minuend	Zahl, von der etwas abgezogen werden soll
minus	weniger
Multiplikand	Zahl, die mit einer anderen Zahl malgenommen werden soll
Multiplikation	Vervielfachung
Multiplikator	Zahl, mit der eine andere Zahl malgenommen werden soll
multiplizieren	malnehmen
Ordinalzahl	Ordnungszahl
plus	mehr
Produkt	Ergebnis des Malnehmens
Quotient	Ergebnis der Teilung, besteht aus Zähler und Nenner
Subtrahend	abzuziehende Zahl
subtrahieren	abziehen
Subtraktion	Vorgang des Abziehens
Summand	hinzuzuzählende Zahl
Summe	Ergebnis des Zusammenzählens
Variable	Veränderliche